前　　言

2020 年 5 月 28 日，十三届全国人大三次会议通过了《中华人民共和国民法典》，这是新中国成立以来第一部以“法典”命名的法律，是新时代我国社会主义法治建设的重大成果。习近平总书记在中共中央政治局第二十次集体学习上强调，民法典在中国特色社会主义法律体系中具有重要地位，是一部固根本、稳预期、利长远的基础性法律，对推进全面依法治国、加快建设社会主义法治国家，对发展社会主义市场经济、巩固社会主义基本经济制度，对坚持以人民为中心的发展思想、依法维护人民权益、推动我国人权事业发展，对推进国家治理体系和治理能力现代化，都具有重大意义。为便于更好地学习、宣传和掌握民法典，我们精心编写了这本《民法典普法三字经》。

本书选取胎儿继承权、高铁霸座、高利贷、高空抛物等百姓经常遇到和最关心的热点问题，按照三字一句、整齐有韵的句式编写，有趣、易诵、易记。每部分内容又结合经典案例，进行了扼要、点睛式的分析，并配以四格漫画和法条链接，便于快速、精准地学习和理解民法典所调整的各类法律关系，是一本学习掌握民法典知识、指导解决法律纠纷的通俗普及读物。

希望《民法典普法三字经》的出版，能为推动民法典的学习、宣传和实施，为保障人民权益、增进人民福祉作出应有的贡献。

本书编写组
2020 年 7 月

本书编委会

目　　录

公序良俗

父母出钱给儿子买房算赠与还是借款

普法三字经

处世间　常交往　民法典　编法网
民间事　多纷繁　法为纲　细考量
解纠纷　依法律　无定则　参习惯
遵公序　守良俗　正能量　有保障

漫画故事

小陈在市区购买了一处172平方米的房屋，总价243万元，按揭付款，房屋权属为小陈单独所有。随后的几年中，小陈的父母老陈夫妇分多次、不等额转账共计210万元给小陈。

房屋交付使用后，老陈夫妇跟进装修，此后一直在该房屋居住。但小陈结婚后当月，就要求卖掉这套房屋，并拒绝老陈夫妇继续居住。

老陈夫妇遂将儿子告上法庭，请求判令小陈返还购房款。老陈夫妇认为小陈的行为损害了他们夫妻俩的权益，小陈则认为出售房屋是对其个人财产的处分，并没有损害父母的权益。老陈夫妇表示，因当地限购，家

中只有小陈有购房资格，所以就以小陈的名义购买了这套房屋，买房的目的是共同居住、共同拥有，为此老陈夫妇二人才为购房出了首付及后续还贷。

法院经审理认为，子女不能将父母的资助认定为理所当然的赠与，在父母没有明确表示赠与的情况下，应视为以帮助为目的的临时性资金出借，子女负有偿还义务。因此，法院判令小陈向老陈夫妇返还210万元。

案例分析

民法典中规定，民事主体从事民事活动，不得违反法律，不得违背公序良俗。处理民事纠纷，应当依照法律；法律没有规定的，可以适用习惯，但是不得违背公序良俗。现实生活中，成年子女刚参加工作又面临成家压力，在经济条件有限的情况下父母出资购房虽为常事，但从公序良俗角度来讲，不能将父母的资助认定为理所当然的赠与，这种坐享其成的思想，不能被法律所倡导和司法裁判所确认。

因此，在父母出资之时未有明确表示出资系赠与的情况下，基于父母应负养育义务的时限，应当认定该出资款为对子女的临时性资金出借，目的在于帮助子女度过经济困窘期，子女理应负担偿还义务，如此方能保障父母自身权益，并避免子女成家反而使父母陷于经济困窘之境地，此亦为敬老之应有道义。本案中，老陈夫妇的出资款应当认定为对儿子小陈的临时性资金出借，目的在于帮助其度过经济困窘期，小陈理应负担偿还义务。

法条链接

《中华人民共和国民法典》

第八条 民事主体从事民事活动，不得违反法律，不得违背公序良俗。

第十条 处理民事纠纷，应当依照法律；法律没有规定的，可以适用习惯，但是不得违背公序良俗。

胎儿利益保护

未出生的胎儿也有继承权

普法三字经

民事权　人皆有　始于生　止于死

婚生子　非婚生　继承权　皆平等

母怀孕　未分娩　腹中子　享遗产

分配时　留份额　护生命　保成长

漫画故事

吕女士与刘先生结婚后，感情一直很好。但是，两人从恋爱到结婚一直遭到刘先生父母的反对。婚后，吕女士每次去公婆家都要遭受他们的白眼。就在吕女士怀孕5个月的时候，刘先生因车祸死亡。吕女士与公婆在遗产继承问题上产生争执，公公、婆婆认为，除吕女士与刘先生夫妻共同财产的一半归吕女士所有以外，其他的遗产应该均分为三份，由他们两人和吕女士各继承一份。吕女士认为，自己腹中的胎儿也有继承权，应为胎儿保留一份遗产。公公、婆婆不同意吕女士的意见。吕女士来到当地的法律援助工作站咨询，自己腹中的胎儿有没有继承权？

案例分析

民法典第十六条规定，涉及遗产继承、接受赠与等胎儿利益保护的，胎儿视为具有民事权利能力。但是，胎儿娩出时为死体的，其民事权利能力自始不存在。第一千一百五十五条规定，遗产分割时，应当保留胎儿的继承份额。胎儿娩出时是死体的，保留的份额按照法定继承办理。本案中，吕女士腹中胎儿的继承权利应当予以保障，在分配遗产时应当为胎儿留出必要的份额。若遗产分割时公公、婆婆拒绝留给胎儿其应有份额，吕女士可以提起民事诉讼，请求法院依法分割遗产。

法条链接

《中华人民共和国民法典》

第十六条　涉及遗产继承、接受赠与等胎儿利益保护的，胎儿视为具有民事权利能力。但是，胎儿娩出时为死体的，其民事权利能力自始不存在。

第一千一百五十五条　遗产分割时，应当保留胎儿的继承份额。胎儿娩出时是死体的，保留的份额按照法定继承办理。

网络虚拟财产

游戏中的“财产”被盗了

普法三字经

互联网　新媒介　众交互　生数据

玩网游　争胜利　用金钱　投精力

游戏币　及装备　若被盗　生闷气

虚拟物　有利益　虽无形　法护庇

漫画故事

老张因病住院，在医院休养期间，喜欢上了一款网络游戏，为购买游戏装备充值了不少钱。老张出院后，准备将自己的账号卖掉。结果第二天登录游戏时，发现账号被盗，里面的装备和游戏币也被洗劫一空。老张在要求游戏运营商恢复丢失“财产”未果的情形下，愤然将游戏运营商诉至法院。

案例分析

民法典第一百二十七条规定，法律对数据、网络虚拟财产的保护有规定的，依照其规定。数据、网络虚拟财产是财产在网络虚拟空间的表现形式，能给人们带来经济利益或精神享受，如QQ号码、网络游戏装备等。另外，数据、虚拟财产也存在真实财物付出，如游戏币、游戏点券等，均是通过现实生活中真实的货币购买的虚拟财产。本案中，老张在游戏中花费时间和金钱换取的虚拟财产具有现实价值，因此，游戏运营商应恢复老张在游戏里丢失的“财产”，并赔偿老张因丢失“财产”产生的经济损失。

法条链接

《中华人民共和国民法典》

第一百二十七条　法律对数据、网络虚拟财产的保护有规定的，依照其规定。

见义勇为

紧急救助他人免责

普法三字经

日常间　遇危急　有道义　施救济

行动中　生损害　施救者　免担责

萍水缘　伸援手　扶危困　扬善意

全社会　襄义举　助他人　无顾虑

漫画故事

某年夏天，一名孕妇独自乘坐火车准备回老家待产。列车行进过程中，孕妇开始出现肚子疼、浑身不舒服等身体异常状况。列车长立即向铁路调度部门汇报了情况。与此同时，孕妇已出现临产症状，表情也愈加痛苦。周围的乘客大喊：“快生了，快生了！”

乘务员和乘警急匆匆从值班室跑到孕妇身边，疏散周围乘客，帮助孕妇排解压力。与此同时，其他乘务员进行广播：“旅客您好，车上若有医生或护士麻烦到7号软卧车厢，这里有孕妇需要帮助！”小丽和两位同事听到广播后赶紧准备急救箱、热水、毛巾，为这名孕妇接生。因为车上医疗环境差，分娩过程中，产

妇和婴儿都发生感染。家属将参与接生的人员告上了法庭。

案例分析

民法典第一百八十四条规定，因自愿实施紧急救助行为造成受助人损害的，救助人不承担民事责任。小丽和几名热心乘客主动为孕妇接生的行为属于紧急救助，是出于道德层面的无偿救治，虽然造成了产妇和婴儿感染，但若无小丽及其他接生人员对孕妇的及时施救，可能会出现更严重的后果。根据法律规定，小丽及其他接生人员作为救助人不承担民事责任。救助他人是社会主义核心价值观所倡导和鼓励的行为，民法典对施救者的法律保护，能够使热心公民免除后顾之忧，勇于在他人危难时刻伸出援手，助人为乐这种精神也将在社会中蔚然成风。

法条链接

《中华人民共和国民法典》

第一百八十四条 因自愿实施紧急救助行为造成受助人损害的，救助人不承担民事责任。

小区收益归属

小区公共区域广告收益业主共享

普法三字经

小区里　电梯中　播广告　有收益

该位置　属共有　获利益　需充公

物业方　管理者　摊成本　收入中

其盈余　应归谁　属业主　归公众

漫画故事

某物业公司与某花园小区业委会签订物业服务合同，约定由该物业公司为小区业主提供物业服务。在物业服务合同履行期间，物业公司与多家公司签订电梯广告合同并收取了广告费用。然而物业管理合同期满后，物业公司一直未向小区业委会交还其管理期间所获得的广告收益。多次索要未果后，小区业委会向法院起诉，要求物业公司返还广告收益。

法院审理认为，物业公司为小区提供物业服务期间，利用小区内公共设施进行经营所得的收入归全体业主所有，相应的广告费收入也应归全体业主所有，物业公司无权处置这些费用，故物业公司应返还广告

费。最终，法院作出判决，物业公司应依法返还某花园小区业委会广告收益。

案例分析

民法典第二百八十二条规定，建设单位、物业服务企业或者其他管理人等利用业主的共有部分产生的收入，在扣除合理成本之后，属于业主共有。本案中，某物业公司与其他公司签订的电梯广告合同所利用的小区电梯，属于业主共有。某物业公司获得的广告收益，在扣除对电梯广告的日常养护、保洁等费用外，剩余部分应归业主共有。在现实生活中，如果物业公司侵犯了业主的合法权益，业主可以与物业公司协商解决，也可以通过业主大会、业主委员会对物业公司进行解聘或者向法院起诉。

法条链接

《中华人民共和国民法典》

第二百八十二条　建设单位、物业服务企业或者其他管理人等利用业主的共有部分产生的收入，在扣除合理成本之后，属于业主共有。

承担民事责任方式

业主占用公共通道　法院判其恢复原状

普法三字经

担责任　方式多　止侵害　排妨碍

除危险　返财产　复原状　修换作

续履行　赔损失　违约金　要支付

消影响　复名誉　应赔礼　须道歉

漫画故事

曹某是某小区的业主。物业公司与其签订前期物业管理服务协议、室内装饰装修管理服务协议各一份，并告知曹某装修管理规定及禁止事项，要求：禁止拆改、占用外墙部位；不得在户门以外公共区域、平台违章搭建。其后，曹某开始装修房屋，为使户内使用面积增加，曹某命令装修人员将阁楼公共通道原有的一面墙体拆除，占用公共通道建设墙体并安装户门。期间，物业公司向曹某发出整改通知，但其仍继续施工至完毕。物业公司遂向法院起诉，要求曹某将涉案房屋公共通道恢复原状。

法院经审理认为，曹某对涉案房屋进行装饰装

修，应当符合法律规定、协议约定及管理规约。在未经批准的情况下，不得违章加建、改建，侵占公共通道、场地等共有部分。而曹某未经批准，擅自拆除阁楼过道原有墙体，将其横向外移，占用楼梯口旁的公共通道建设墙体并安装户门，以增加房屋室内可用面积，其行为违反了协议约定，应承担相应的违约责任。物业公司依照合同约定主张曹某将涉案位于阁楼处的公共通道恢复原状，符合法律规定和合同约定，依法应予支持。

案例分析

民法典第二百八十六条第一款、第二款规定，业主应当遵守法律、法规以及管理规约，相关行为应当符合节约资源、保护生态环境的要求。对于物业服务企业或者其他管理人执行政府依法实施的应急处置措施和其他管理措施，业主应当依法予以配合。业主大会或者业主委员会，对任意弃置垃圾、排放污染物或者噪声、违反规定饲养动物、违章搭建、侵占通道、拒付物业费等损害他人合法权益的行为，有权依照法律、法规以及管理规约，请求行为人停止侵害、排除妨碍、消除危险、恢复原状、赔偿损失。公共通道、楼梯等属于小区业主共有，依法不得擅自占用和处分。

而本案中的曹某擅自拆除阁楼过道原有墙体，占用楼梯口旁的公共通道建设墙体并安装户门的行为不仅违反了法律规定和合同约定，而且严重侵犯了小区其他业主的权利，因此物业公司有权要求其恢复原状。

法条链接

《中华人民共和国民法典》

第一百七十九条　承担民事责任的方式主要有：

（一）停止侵害；

（二）排除妨碍；

（三）消除危险；

（四）返还财产；

（五）恢复原状；

（六）修理、重作、更换；

（七）继续履行；

（八）赔偿损失；

（九）支付违约金；

（十）消除影响、恢复名誉；

（十一）赔礼道歉。

法律规定惩罚性赔偿的，依照其规定。

本条规定的承担民事责任的方式，可以单独适用，也可以合并适用。

第二百八十六条 业主应当遵守法律、法规以及管理规约，相关行为应当符合节约资源、保护生态环境的要求。对于物业服务企业或者其他管理人执行政府依法实施的应急处置措施和其他管理措施，业主应当依法予以配合。

业主大会或者业主委员会，对任意弃置垃圾、排放污染物或者噪声、违反规定饲养动物、违章搭建、侵占通道、拒付物业费等损害他人合法权益的行为，有权依照法律、法规以及管理规约，请求行为人停止侵害、排除妨碍、消除危险、恢复原状、赔偿损失。

业主或者其他行为人拒不履行相关义务的，有关当事人可以向有关行政主管部门报告或者投诉，有关行政主管部门应当依法处理。

善意取得

房子善意取得　原房主无权要回

普法三字经

善意得　要判断　视情形　来定夺

受让人　无恶意　转让时　价合理

或登记　或交付　生效否　依法律

转让方　有责任　原有者　可求偿

漫画故事

李某与张某夫妻二人共同购买了一套房屋，面积为76平方米，产权登记在李某一人名下。第二年，李某将该房屋以69万元的价格卖给了王先生，并登记过户。

同年6月，张某与李某闹离婚要求分割共同财产时，发现该房屋已被李某出售给王先生。张某以该房屋属于夫妻共同财产，李某无权单独处分为由，将王先生告上法庭，要求判决买卖合同无效并返还房屋。

法院在审理过程中发现，王先生询问过李某房产相关情况，李某明确告知，此房产是其个人财产。因此，他完全不知道所购房屋是李某夫妻二人婚姻存续期间共同购买的共有财产，交易价格也属于正常的市

场价格。法院最终判决王先生属于善意取得，房屋归王先生所有。

案例分析

民法典第三百一十一条第一款规定，无处分权人将不动产或者动产转让给受让人的，所有权人有权追回；除法律另有规定外，符合下列情形的，受让人取得该不动产或者动产的所有权：（一）受让人受让该不动产或者动产时是善意；（二）以合理的价格转让；（三）转让的不动产或者动产依照法律规定应当登记的已经登记，不需要登记的已经交付给受让人。本案中，因为王先生已经询问过李某房屋相关情况，房屋产权登记在李某一人名下，他有理由相信该房屋属于李某所有。同时，王先生以正常的市场价格购买房屋，并进行了登记过户。这些情形符合关于善意取得的规定，因此，该房屋应当归王先生所有。该房屋原本属于李某和张某的夫妻共同财产，张某可以向法院起诉李某，按自己对该房屋的出资份额向李某索赔。

法条链接

《中华人民共和国民法典》

第三百一十一条　无处分权人将不动产或者动

产转让给受让人的，所有权人有权追回；除法律另有规定外，符合下列情形的，受让人取得该不动产或者动产的所有权：

(一)受让人受让该不动产或者动产时是善意；

(二)以合理的价格转让；

(三)转让的不动产或者动产依照法律规定应当登记的已经登记，不需要登记的已经交付给受让人。

受让人依照前款规定取得不动产或者动产的所有权的，原所有权人有权向无处分权人请求损害赔偿。

当事人善意取得其他物权的，参照适用前两款规定。

悬赏报酬

悬赏广告达到目的后应兑现酬金

普法三字经

丢财物　无觅处　出悬赏　求帮助

拾得者　归原物　许报酬　履义务

若保管　有费用　权利人　须支付

若侵占　属违法　原奖赏　无权获

漫画故事

吴某和女友去看电影，离开电影院时将装有单位60万元货款的背包落在了座位上。李某发现该背包后，先是等失主来寻，等待许久也没有人来认领，便将背包带走。吴某发现背包遗失后心急如焚，急忙在当地报纸上刊登寻物启事，声明拾到背包送还者必有重谢，酬金1.5万元。

李某看到该寻物启事后，主动将背包还给吴某，但吴某并未向李某支付酬金。后李某向法院起诉，要求吴某按寻物启事上的约定支付酬金1.5万元。吴某辩称，背包内有自己的联系方式和电话号码，而李某在

拾到背包后并没有主动进行联系，只是为了酬金才归还背包，李某的行为不道德，不应当获得酬金。

法院认为，悬赏广告是悬赏人以广告的方式，对完成一定行为的人给付报酬的行为。只要行为人完成所指定的行为，悬赏人即负有给付报酬的义务。吴某在报纸上登载允诺酬金的寻物启事是典型的悬赏广告，李某归还背包已经完成了特定行为，吴某作为悬赏人应当支付报酬。因此，法院判决吴某按寻物启事中的约定给付李某酬金1.5万元。

案例分析

民法典第三百一十七条第二款规定，权利人悬赏寻找遗失物的，领取遗失物时应当按照承诺履行义务。第四百九十九条规定，悬赏人以公开方式声明对完成特定行为的人支付报酬的，完成该行为的人可以请求其支付。本案中，吴某在寻物启事中约定酬金，悬赏寻找遗失的背包，公开声明对归还背包的人支付报酬。李某完成了归还背包的特定行为，作为悬赏人的吴某就应当按照承诺履行义务，向李某支付约定数额的酬金。

法条链接

《中华人民共和国民法典》

第三百一十七条 权利人领取遗失物时，应当向拾得人或者有关部门支付保管遗失物等支出的必要费用。

权利人悬赏寻找遗失物的，领取遗失物时应当按照承诺履行义务。

拾得人侵占遗失物的，无权请求保管遗失物等支出的费用，也无权请求权利人按照承诺履行义务。

第四百九十九条 悬赏人以公开方式声明对完成特定行为的人支付报酬的，完成该行为的人可以请求其支付。

居住权

夫妻离婚后是否还享有房屋居住权

普法三字经

居住权　无偿设　对个人　有裨益

弱势者　居有所　订合同　明权益

若设立　须登记　凭遗嘱　签协议

期限满　或死亡　此权利　同消亡

漫画故事

刘某和老李属于再婚家庭，二人于2000年登记结婚，婚后一起住在老李单位公房。2006年，老李单位进行房改，夫妻二人决定共同购买位于市区的一套房改房，并办理了房产证，房屋所有权登记在老李名下。双方书面约定，此房产所有权归老李，但刘某有永久居住权，任何人不得干预，并在相关机构办理了登记。刘某和老李之后因感情不和离婚，老李要求刘某迁出该房。刘某是否还享有在该房屋居住的权利？

案例分析

民法典第三百六十六条规定，居住权人有权按照合同约定，对他人的住宅享有占有、使用的用益物权，以满足生活居住的需要。本案中，刘某和老李采用书面约定的方式来设立居住权，并作了相关登记，约定合法有效，对双方具有法律约束力。因此，即使离婚后房屋的所有权属于老李，但刘某依约定对该房屋拥有合法居住权，受法律保护。

法条链接

《中华人民共和国民法典》

第三百六十六条 居住权人有权按照合同约定，对他人的住宅享有占有、使用的用益物权，以满足生活居住的需要。

第三百六十七条 设立居住权，当事人应当采用书面形式订立居住权合同。

居住权合同一般包括下列条款：

(一)当事人的姓名或者名称和住所；

(二)住宅的位置；

(三)居住的条件和要求；

(四)居住权期限；

（五）解决争议的方法。

第三百六十八条 居住权无偿设立，但是当事人另有约定的除外。设立居住权的，应当向登记机构申请居住权登记。居住权自登记时设立。

第三百七十条 居住权期限届满或者居住权人死亡的，居住权消灭。居住权消灭的，应当及时办理注销登记。

第三百七十一条 以遗嘱方式设立居住权的，参照适用本章的有关规定。

禁止高利放贷

暴力催收高利贷违法

普法三字经

高利贷　滚雪球　获暴利　法不容

借款者　心焦虑　隐条款　难看清

套路贷　砍头息　涉犯罪　害不轻

定利率　有规定　须合法　无违禁

漫画故事

小王因为急需用钱找到一家民间借贷公司借款，双方签订了借款合同，约定月利率为4%，到期一次付清本息。到期后，小王只付清本金，未付清利息。几个月后利滚利，小王需要偿还的利息越来越高，以至于无力还款。讨债人员三番两次上门用“软暴力”胁迫小王还钱，最终小王无奈报警。经警方查证，认定该团伙涉嫌非法高利放贷。

案例分析

民法典第六百八十条第一款规定，禁止高利放贷，借款的利率不得违反国家有关规定。国家禁止高利放贷，打击非法高利放贷行为，保护合法民间借贷。根据《最高人民法院关于审理民间借贷案件适用法律若干问题的规定》的有关规定，我国法律允许的民间借贷最高年利率为合同成立时中国人民银行授权全国银行间同业拆借中心每月发布的一年期贷款市场报价利率（LPR）的4倍，超过的部分是不受法律保护的。以2020年7月20日发布的一年期贷款市场报价利率3.85%的4倍计算为例，民间借贷利率的司法保护上限为15.4%。高利放贷套路深，民间借贷须谨慎。

法条链接

《中华人民共和国民法典》

第六百八十条　禁止高利放贷，借款的利率不得违反国家有关规定。

借款合同对支付利息没有约定的，视为没有利息。

借款合同对支付利息约定不明确，当事人不能达成补充协议的，按照当地或者当事人的交易方式、交易习惯、市场利率等因素确定利息；自然人之间借款的，视为没有利息。

禁止霸座

高铁霸座属违法

普法三字经

要出行　选工具　海陆空　实名制

购客票　填信息　持票据　畅通行

霸座位　丧公德　既侵权　又违约

扰治安　应惩处　治违法　扬正气

漫画故事

小晴是一名大学生，某日和同学一起乘坐高铁去外地旅游。上车后，她和同学找到了各自的座位。两人座位号相连，中间隔着过道。邻座的同学放好行李坐下后，小晴发现一名中年妇女已经坐在自己的座位上了。

小晴站在座位旁，俯身客气地跟对方说："这是我的座位，麻烦让一下。"中年妇女丝毫没有要从座位上起来的意思，坐着对小晴说："长途车不按号入座。"小晴听到这句话后愣了一下，心想以前遇到无座票的乘客坐在自己座位上，只要上前说明情况后，对方都会让出座位。

小晴与中年妇女再次沟通，但对方仍然没有起身。见此情形，小晴只好去找列车长帮忙。列车长来到中年妇女旁边，与其交涉了十几分钟，最终中年妇女把座位还给了小晴。

案例分析

民法典第八百一十五条第一款规定，旅客应当按照有效客票记载的时间、班次和座位号乘坐。旅客无票乘坐、超程乘坐、越级乘坐或者持不符合减价条件的优惠客票乘坐的，应当补交票款，承运人可以按照规定加收票款；旅客不支付票款的，承运人可以拒绝运输。这一规定的目的是为了维护正常的运输、出行秩序和保障守法乘客的权益，从立法层面对“霸座”行为亮起红牌。乘客与铁路公司之间通过购票订立了客运合同。“对号入座”属于履行合同义务，霸座者不按约定乘坐，即违反了合同约定，铁路公司可以违约起诉霸座者。此外，霸座者霸占他人座位也是一种侵权行为，具体侵犯的是被霸座者的使用权，被霸座者也可以起诉霸座者侵权。

本案中，霸座的中年妇女不但侵犯了小晴合法的、正当的乘车就坐特定座位的民事权利，也违反了与铁路公司之间的合同约定。霸座的中年妇女如不让座，铁路公司可以起诉其违约，小晴也可以起诉其侵权。

法条链接

《中华人民共和国民法典》

第八百一十四条　客运合同自承运人向旅客出具客票时成立，但是当事人另有约定或者另有交易习惯的除外。

第八百一十五条　旅客应当按照有效客票记载的时间、班次和座位号乘坐。旅客无票乘坐、超程乘坐、越级乘坐或者持不符合减价条件的优惠客票乘坐的，应当补交票款，承运人可以按照规定加收票款；旅客不支付票款的，承运人可以拒绝运输。

实名制客运合同的旅客丢失客票的，可以请求承运人挂失补办，承运人不得再次收取票款和其他不合理费用。

禁止性骚扰

打性骚扰电话是否应承担侵权责任

普法三字经

违意愿　性骚扰　生活中　偶出现

亲一亲　抱一抱　污浊语　秽不堪

遇骚扰　莫惊慌　保安全　留证据

各单位　须防范　严管束　护权益

漫画故事

28岁的王某应聘到一家公司工作。某日，公司负责人金某在办公室中强行搂抱王某并亲吻。一周后，金某因性骚扰行为被辞退，但仍多次打电话对王某进行骚扰。在某报社记者帮助下，王某对金某的通话进行了录音。王某认为金某的行为严重影响了自己的生活、工作，使自己的身心受到极大的伤害。于是王某向当地法院提起诉讼，请求法院判决金某公开赔礼道歉，并赔偿精神抚慰金5000元。

王某提供的证据包括：某报社提供的“关于王某投诉及录音过程的说明”一份，证明王某投诉和对电话内容进行录音以及金某利用电话进行性骚扰的事实

等；“移动电话话费清单”一份，证明金某对王某进行电话性骚扰的通话次数，还有某报社录制的录音资料一份，在录音资料里金某承认自己性骚扰对方的事实。

经法庭当庭质证，法院认定了某报社出具的“关于王某投诉及录音过程的说明”和“移动电话话费清单”的证明力。认为该录音证据在有其他证据的印证和被告没有证据能推翻或对抗的情况下，能够证明被告对原告进行性骚扰的事实存在。据此，法院判决金某向王某当面赔礼道歉，如未在规定期限内履行，则限期在市级报纸上刊登赔礼道歉声明；同时判决金某赔偿王某精神抚慰金5000元。

案例分析

民法典第一千零一十条第一款规定，违背他人意愿，以言语、文字、图像、肢体行为等方式对他人实施性骚扰的，受害人有权依法请求行为人承担民事责任。第一千一百八十三条第一款规定，侵害自然人人身权益造成严重精神损害的，被侵权人有权请求精神损害赔偿。

本案中，金某因对王某有性骚扰行为而被公司开除，却不知悔改，仍通过打电话对王某进行骚扰，严重影响了王某的工作和生活。王某通过录音等方式保留了相关证据，有利于法院支持她的诉请，最终也让金某承担了侵权责任。

如果在生活中不幸遭遇性骚扰，一定要在保护自己人身安全的前提下，尽可能留存对方性骚扰行为的证据，这将有利于事后追究对方的法律责任，更好地维护自身的合法权益。

法条链接

《中华人民共和国民法典》

第一千零一十条　违背他人意愿，以言语、文字、图像、肢体行为等方式对他人实施性骚扰的，受害人有权依法请求行为人承担民事责任。

机关、企业、学校等单位应当采取合理的预防、受理投诉、调查处置等措施，防止和制止利用职权、从属关系等实施性骚扰。

第一千一百八十三条　侵害自然人人身权益造成严重精神损害的，被侵权人有权请求精神损害赔偿。

因故意或者重大过失侵害自然人具有人身意义的特定物造成严重精神损害的，被侵权人有权请求精神损害赔偿。

肖像权

在商品包装上使用他人照片亦侵权

普法三字经

身与貌　属外在　显形象　展体态

影像画　设雕塑　落载体　成肖像

或制作　或公开　未许可　禁滥用

若丑化　编伪造　对本人　已侵权

漫画故事

小飞非常喜欢摄影。某日，小飞为小朋友汐汐（5周岁）和她的小猫咪咪拍了一张照片。汐汐妈妈特别喜欢这张照片，于是将照片发布到自己的微博上。一天，小飞路过附近一家专门经营宠物用品的商店时，发现商店自营的一种猫粮包装袋上，赫然印着汐汐那张照片。

小飞赶紧将此事告诉了汐汐妈妈。汐汐妈妈认为宠物用品商店未经自己同意，擅自使用汐汐的照片，侵犯了汐汐的肖像权，于是向法院提起诉讼，要求宠物用品商店承担侵权责任。请问，汐汐妈妈的请求能够得到法院支持吗？

案例分析

民法典中规定，自然人享有肖像权，任何组织或者个人未经肖像权人同意，不得制作、使用、公开肖像权人的肖像。肖像权受到侵害的，受害人有权要求行为人承担停止侵害、恢复名誉、赔礼道歉等侵权责任。

本案中，宠物用品商店未经汐汐及其监护人同意，擅自将汐汐照片印在猫粮包装上，侵犯了汐汐的肖像权，汐汐妈妈有权要求宠物用品商店承担侵权责任。

法条链接

《中华人民共和国民法典》

第二十条 不满八周岁的未成年人为无民事行为能力人，由其法定代理人代理实施民事法律行为。

第二十三条 无民事行为能力人、限制民事行为能力人的监护人是其法定代理人。

第二十七条第一款 父母是未成年子女的监护人。

第一千零一十八条 自然人享有肖像权，有权依法制作、使用、公开或者许可他人使用自己的肖像。

肖像是通过影像、雕塑、绘画等方式在一定载体上所反映的特定自然人可以被识别的外部形象。

第一千零一十九条 任何组织或者个人不得以丑化、污损，或者利用信息技术手段伪造等方式侵害他人的肖像权。未经肖像权人同意，不得制作、使用、公开肖像权人的肖像，但是法律另有规定的除外。

未经肖像权人同意，肖像作品权利人不得以发表、复制、发行、出租、展览等方式使用或者公开肖像权人的肖像。

隐私权

非法提供个人信息要担责

普法三字经

身份证　电话号　私信息　受保护

保管好　护周全　不公开　莫泄露

他人取　依法获　无授权　不得用

勿买卖　止侵扰　护隐私　有益处

漫画故事

韩女士是牛牛公司的员工，用工双方存在劳资纠纷。某日，韩女士在该公司邮寄给她的案件材料里发现了自己在某银行的个人账户交易明细。韩女士一愣，心想：公司没有这张银行卡的信息，也没有有关机关的调查令，怎么拿到我近两年银行流水的？于是，韩女士打电话给该银行，银行工作人员称，这是配合大客户的要求。韩女士认为，个人账户交易明细是重要的个人信息，银行不能未经许可就把个人账户交易明细提供给第三方，该银行的行为侵犯了自己的个人信息。于是，韩女士向公安机关报案。

案例分析

民法典中规定，自然人的个人信息受法律保护。个人信息是以电子或者其他方式记录的能够单独或者与其他信息结合识别特定自然人的各种信息，包括自然人的姓名、出生日期、身份证件号码、生物识别信息、住址、电话号码、电子邮箱、健康信息、行踪信息等。任何组织或者个人需要获取他人个人信息的，应当依法取得并确保信息安全，不得非法收集、使用、加工、传输他人个人信息，不得非法买卖、提供或者公开他人个人信息。本案中，某银行在未获得韩女士授权，也没有有关机关合法调查手续的情况下，将韩女士的个人账户交易明细提供给第三方，其行为违反了关于个人信息保护的规定，应当承担侵权责任。

法条链接

《中华人民共和国民法典》

第一千零三十四条　自然人的个人信息受法律保护。

个人信息是以电子或者其他方式记录的能够单独或者与其他信息结合识别特定自然人的各种信息，包括自然人的姓名、出生日期、身份证件号码、生物识别信息、住址、电话号码、电子邮箱、健康信息、行踪信息等。

个人信息中的私密信息，适用有关隐私权的规定；没有规定的，适用有关个人信息保护的规定。

婚前告知病史

婚前隐瞒重大疾病可撤销婚姻

普 法 三 字 经

情相投　意相合　结连理　婚姻成

身有疾　应告知　倘隐瞒　生嫌隙

一年内　可撤销　知情日　始起算

好夫妻　须坦诚　家和兴　万事利

漫画故事

陈某与蔡某经媒人介绍认识，相处后不久，便商讨结婚事宜。几个月后，陈某与蔡某去民政局办理结婚登记。第二天，双方举办了结婚仪式并操办了婚宴酒席，当天两人便在一起生活。

半年后，陈某偶然间发现了蔡某的病历单，这才了解到蔡某患有精神分裂症。但在两人进行结婚登记前，蔡某却对陈某隐瞒了这一事实。此时的陈某认为蔡某的病情会影响到以后的生活，于是想提出离婚。他向律师咨询，自己能否因为蔡某隐瞒病情这一行为离婚？

案例分析

家庭是社会的基本细胞，配偶婚前病史的告知义务，不仅关乎婚姻的质量和家庭幸福，更关乎以家庭为基础的整个社会是否和谐稳定。因此，民法典第一千零五十三条规定，一方患有重大疾病的，应当在结婚登记前如实告知另一方；不如实告知的，另一方可以向人民法院请求撤销婚姻。因此，本案中的陈某可以向法院申请撤销婚姻。

法条链接

《中华人民共和国民法典》

第一千零五十三条　一方患有重大疾病的，应当在结婚登记前如实告知另一方；不如实告知的，另一方可以向人民法院请求撤销婚姻。

请求撤销婚姻的，应当自知道或者应当知道撤销事由之日起一年内提出。

夫妻债务

借款未用于家庭生活　另一方无须偿还

普法三字经

婚姻中　夫与妻　为生活　需借款

共签字　同偿还　签不及　可追认

一方借　要辨析　非家用　须自还

债权人　能证明　不含混　责任清

漫画故事

郑某与温某原系夫妻关系，妻子温某几年前染上赌博恶习，曾欠下大笔赌债。某年3月，温某向邓某借款3万元，声称用于家庭开支，实则为偿还赌债。同年8月底，郑某与温某协议离婚。离婚后，温某逾期未还借款，邓某将温某、郑某诉至法院。

郑某认为温某借款是在婚姻关系存续期间，应属夫妻共同债务，郑某应当承担偿还责任。郑某则主张对温某借款一事毫不知情，离婚前夫妻二人都有稳定的工作收入，家庭日常开支绰绰有余，若非温某赌博恶习不改，根本无须对外借款，更不可能是用于家庭开支。郑某认为该借款属个人债务，应由温某独自承担。

案例分析

民法典第一千零六十四条规定，夫妻双方共同签名或者夫妻一方事后追认等共同意思表示所负的债务，以及夫妻一方在婚姻关系存续期间以个人名义为家庭日常生活需要所负的债务，属于夫妻共同债务。夫妻一方在婚姻关系存续期间以个人名义超出家庭日常生活需要所负的债务，不属于夫妻共同债务；但是，债权人能够证明该债务用于夫妻共同生活、共同生产经营或者基于夫妻双方共同意思表示的除外。

本案中，郑某和温某在婚姻关系存续期间，两人的工资收入能够满足家庭日常开支，借款期间家庭中无大额支出，且温某是以个人名义向邓某借款，并用于偿还赌债，而非用于夫妻共同生活、共同生产经营。因此，该借款不属于夫妻共同债务，而是温某的个人债务，应当由温某一人偿还。

法条链接

《中华人民共和国民法典》

第一千零六十四条 夫妻双方共同签名或者夫妻一方事后追认等共同意思表示所负的债务，以及夫妻一方在婚姻关系存续期间以个人名义为家庭日常生活需要所负的债务，属于夫妻共同债务。

夫妻一方在婚姻关系存续期间以个人名义超出家庭日常生活需要所负的债务，不属于夫妻共同债务；但是，债权人能够证明该债务用于夫妻共同生活、共同生产经营或者基于夫妻双方共同意思表示的除外。

第一千零六十五条 男女双方可以约定婚姻关系存续期间所得的财产以及婚前财产归各自所有、共同所有或者部分各自所有、部分共同所有。约定应当采用书面形式。没有约定或者约定不明确的，适用本法第一千零六十二条、第一千零六十三条的规定。

夫妻对婚姻关系存续期间所得的财产以及婚前财产的约定，对双方具有法律约束力。

夫妻对婚姻关系存续期间所得的财产约定归各自所有，夫或者妻一方对外所负的债务，相对人知道该约定的，以夫或者妻一方的个人财产清偿。

第一千零八十九条 离婚时，夫妻共同债务应当共同偿还。共同财产不足清偿或者财产归各自所有的，由双方协议清偿；协议不成的，由人民法院判决。

继承权

继承权男女平等

普法三字经

自然人　百年后　有遗产　待分配

谁继承　遵遗嘱　无遗嘱　依法定

男与女　皆平等　继承权　视同仁

重男性　轻女性　属陋习　当摒弃

漫画故事

周甲与黄乙为夫妻关系，先后生育三男一女。数十年间，四个儿女都已经结婚。后周甲和黄乙相继去世，子女们对遗产的分配产生了争执。三个儿子认为，“嫁出去的女儿泼出去的水”，女儿没有权利继承父母的遗产。女儿则认为，大家都是父母抚养长大的，都应该有继承遗产的权利。那么，双方的说法孰对孰错呢？

案例分析

民法典中规定，继承权男女平等。同一顺序继承人继承遗产的份额，一般应当均等。继承人应当本着互谅互让、和睦团结的精神，协商处理继承问题。本案中，周甲和黄乙在去世前没有立下遗嘱，他们的遗产应按法定继承进行分割。儿子和女儿都是第一顺序继承人，如果没有生活特殊困难且缺乏劳动能力、不尽扶养义务或协商同意等情况，一般应当均分遗产。三个儿子的说法是错误的，“重男轻女”属于封建陋习，与我国社会主义法治精神相悖，应当摒弃。继承权男女平等，是否拥有继承权与性别无关，女儿的说法应予肯定。

法条链接

《中华人民共和国民法典》

第一千一百二十六条 继承权男女平等。

第一千一百三十条 同一顺序继承人继承遗产的份额，一般应当均等。

对生活有特殊困难又缺乏劳动能力的继承人，分配遗产时，应当予以照顾。

对被继承人尽了主要扶养义务或者与被继承人共同生活的继承人，分配遗产时，可以多分。

有扶养能力和有扶养条件的继承人，不尽扶养义务的，分配遗产时，应当不分或者少分。

继承人协商同意的，也可以不均等。

第一千一百三十二条 继承人应当本着互谅互让、和睦团结的精神，协商处理继承问题。遗产分割的时间、办法和份额，由继承人协商确定；协商不成的，可以由人民调解委员会调解或者向人民法院提起诉讼。

打印遗嘱

见证人未签字　打印遗嘱无效

普法三字经

立遗嘱　定继承　新情况　新规生

数字化　打印件　如需用　有条件

见证人　须两名　遗嘱人　共签名

同在场　每页签　注日期　止纷争

漫画故事

黄某育有一子一女，哥哥黄某男，妹妹黄某女。黄某死后留有房产12处。黄某生前立有一份代书遗嘱，日期为某年10月，遗嘱中黄某对自己的5处房产进行了处分。而后，黄某男又拿出一份日期为同年12月的打印遗嘱，内容是对黄某的另外7处房产进行处分，并有黄某的签名。黄某女认为哥哥提供的后一份遗嘱虽有黄某的签名，但并未体现见证人是谁，且无见证人签字，不符合打印遗嘱的法定形式要件，应为无效遗嘱。

案例分析

随着计算机的普遍应用，打印这种形式已经为大众所接受，在此背景下，如果过分苛求“亲笔书写”即亲自用笔手写遗嘱，显然不利于保护遗嘱人的真实意愿。但打印遗嘱也只有在具备相应的形式要件下方为有效遗嘱。民法典第一千一百三十六条规定，打印遗嘱应当有两个以上见证人在场见证。遗嘱人和见证人应当在遗嘱每一页签名，注明年、月、日。由此可见，有效的打印遗嘱应当有两个以上见证人在场见证并在遗嘱的每一页上签名，而本案中的打印遗嘱并无相关见证人签名，故为无效遗嘱。

法条链接

《中华人民共和国民法典》

第一千一百三十三条　自然人可以依照本法规定立遗嘱处分个人财产，并可以指定遗嘱执行人。

自然人可以立遗嘱将个人财产指定由法定继承人中的一人或者数人继承。

自然人可以立遗嘱将个人财产赠与国家、集体或者法定继承人以外的组织、个人。

自然人可以依法设立遗嘱信托。

第一千一百三十六条　打印遗嘱应当有两个以上

见证人在场见证。遗嘱人和见证人应当在遗嘱每一页签名，注明年、月、日。

第一千一百四十条 下列人员不能作为遗嘱见证人：

（一）无民事行为能力人、限制民事行为能力人以及其他不具有见证能力的人；

（二）继承人、受遗赠人；

（三）与继承人、受遗赠人有利害关系的人。

第一千一百四十二条 遗嘱人可以撤回、变更自己所立的遗嘱。

立遗嘱后，遗嘱人实施与遗嘱内容相反的民事法律行为的，视为对遗嘱相关内容的撤回。

立有数份遗嘱，内容相抵触的，以最后的遗嘱为准。

收养人条件

收养人须无犯罪记录

普法三字经

收养人　有条件　满三十　体康健

无子女　或一人　相关法　无违犯

养教护　有能力　有配偶　共收养

无配偶　收异性　满四十　才能办

漫画故事

某村村民吴某，今年45岁，经营着一家农家乐。自村里开发旅游后，游客逐渐增多，所以他的日子过得十分惬意。开心之余，吴某总会因为孤身一人感到忧愁。原来，吴某年轻时因故意伤害儿童坐过几年牢，出来后又因家庭条件不好，一直没有人愿意嫁给他，所以他也渐渐断了结婚的念头。但是现在，生活条件宽裕了，而自己也慢慢变老了，为使自己的晚年生活有所依靠，他准备领养同村一户人家的小孩。为了了解自己有没有收养资格，他来到了当地的律所咨询。请问，他能得偿所愿吗？

案例分析

民法典第一千零九十八条规定，收养人应当同时具备下列条件：（一）无子女或者只有一名子女；（二）有抚养、教育和保护被收养人的能力；（三）未患有在医学上认为不应当收养子女的疾病；（四）无不利于被收养人健康成长的违法犯罪记录；（五）年满三十周岁。由此可见，法律禁止有不利于被收养人健康成长的违法犯罪记录的人收养子女。本案中，吴某曾因故意伤害儿童被判刑，不符合收养人条件，因此不能收养小孩。

法条链接

《中华人民共和国民法典》

第一千零九十三条　下列未成年人，可以被收养：

（一）丧失父母的孤儿；

（二）查找不到生父母的未成年人；

（三）生父母有特殊困难无力抚养的子女。

第一千零九十八条　收养人应当同时具备下列条件：

（一）无子女或者只有一名子女；

（二）有抚养、教育和保护被收养人的能力；

(三)未患有在医学上认为不应当收养子女的疾病;

(四)无不利于被收养人健康成长的违法犯罪记录;

(五)年满三十周岁。

第一千零九十九条 收养三代以内旁系同辈血亲的子女,可以不受本法第一千零九十三条第三项、第一千零九十四条第三项和第一千一百零二条规定的限制。

华侨收养三代以内旁系同辈血亲的子女,还可以不受本法第一千零九十八条第一项规定的限制。

第一千一百条 无子女的收养人可以收养两名子女;有子女的收养人只能收养一名子女。

收养孤儿、残疾未成年人或者儿童福利机构抚养的查找不到生父母的未成年人,可以不受前款和本法第一千零九十八条第一项规定的限制。

第一千一百零二条 无配偶者收养异性子女的,收养人与被收养人的年龄应当相差四十周岁以上。

第一千一百零四条 收养人收养与送养人送养,应当双方自愿。收养八周岁以上未成年人的,应当征得被收养人的同意。

自甘风险

自愿参加足球赛自担责任

普法三字经

体育类　有竞技　强对抗　伤难避

比赛中　磕碰撞　体受伤　遭损害

组织方　管理者　尽安保　无责任

第三者　非故意　无过失　不担责

漫画故事

孙某某、艾某某均系某大学学生。某日，二人自愿参加了学校组织的足球赛，比赛在校足球场进行。赛前裁判向双方队员进行了安全告知。比赛中，孙某某、艾某某在争头球时，发生碰撞，双方跌倒受伤。在对孙某某进行简单救助后，在场老师安排两位学生陪同孙某某至校医院检查，校医检查后建议孙某某转院至专科医院作进一步检查治疗。了解情况后，校方安排孙某某至市专科医院就诊并支付了治疗期间的全部医疗费用。另外，学校还支付了孙某某父母为照顾孙某某所花费的交通、住宿等费用。事后，孙某某将学校和艾某某诉至法院要求赔偿。

案例分析

民法典第一千一百七十六条规定，自愿参加具有一定风险的文体活动，因其他参加者的行为受到损害的，受害人不得请求其他参加者承担侵权责任；但是，其他参加者对损害的发生有故意或者重大过失的除外。活动组织者的责任适用本法第一千一百九十八条至第一千二百零一条的规定。

本案中，该校组织的足球赛是在专用场地进行的，而且赛前裁判也向双方队员进行了安全告知。在事故发生后，校方立即安排了学生护送孙某某到校医院进行检查，在孙某某无生命危险的情况下，校方仍然安排其转至专业医院做进一步的检查。由此可见，学校尽到了安全保障义务，且在伤害事故发生后，学校也履行了积极的救助义务。故不应承担民事赔偿责任。

其次，足球比赛是一种运动速度快、对抗性较强的竞技体育项目，孙某某、艾某某作为大学生，对上述运动存在的风险应有一定的认知。二人自愿参加此次足球比赛，且无证据证明艾某某系故意冲撞孙某某致其伤害，故艾某某无须承担赔偿责任。

法条链接

《中华人民共和国民法典》

第一千一百七十六条　自愿参加具有一定风险的文体活动，因其他参加者的行为受到损害的，受害人不得请求其他参加者承担侵权责任；但是，其他参加者对损害的发生有故意或者重大过失的除外。

活动组织者的责任适用本法第一千一百九十八条至第一千二百零一条的规定。

自助行为

吃霸王餐可暂扣财物

普法三字经

若权益　受侵害　情紧迫　可自助

偷商品　逃餐款　人溜走　难补救

受害人　自行动　其财物　可扣留

措施后　速报警　有不当　属侵权

漫画故事

王某在市中心有一家自助餐厅，价位不到50元一人，食品种类却非常丰富，各种中西餐、甜点、水果、饮料，一应俱全，老少皆宜。每到节假日，这里总是座无虚席。尤其是对于一些有小孩和老人的家庭来说，这里的儿童和老年人票价非常优惠，是他们家庭聚餐的首选。

一天上午，自助餐厅来了一家三口人，爸爸妈妈都是三十出头，还带着一个五六岁的漂亮女儿。这家人进店后就开始陆续拿着餐盘去挑选食物。用餐完毕，服务员便过来结账。可此时这家人却推三阻四，

找各种借口来逃避买单。面对一家人的蛮横，服务员无法应对，便叫来了经理王某。王某多次劝说无果，无奈扣下了这家人的两部手机，并说道："什么时候结账，什么时候还手机。"见逃单无果，这家人便只好乖乖结账。

案例分析

民法典第一千一百七十七条规定，合法权益受到侵害，情况紧迫且不能及时获得国家机关保护，不立即采取措施将使其合法权益受到难以弥补的损害的，受害人可以在保护自己合法权益的必要范围内采取扣留侵权人的财物等合理措施；但是，应当立即请求有关国家机关处理。

逃单行为扰乱了商家正常的经营秩序，这种行为极不可取。逃单者不但会受到道德上的严厉谴责，还要为此受到治安管理处罚法的处罚，实在得不偿失。同时，商家如发现吃霸王餐的顾客，在保障自身和其他顾客安全的情况下，可以先耐心劝说，若来不及请求国家机关处理时，可在合理范围内自行采取扣留吃霸王餐的顾客的财物等措施。

法条链接

《中华人民共和国民法典》

第一千一百七十七条 合法权益受到侵害，情况紧迫且不能及时获得国家机关保护，不立即采取措施将使其合法权益受到难以弥补的损害的，受害人可以在保护自己合法权益的必要范围内采取扣留侵权人的财物等合理措施；但是，应当立即请求有关国家机关处理。

受害人采取的措施不当造成他人损害的，应当承担侵权责任。

具有人身意义的特定物

婚礼录像被损毁　造成精神损失须赔偿

普法三字经

人生路　难重复　重要事　留记录

婚礼照　亲遗物　特定物　含义深

遇失损　不可复　伤人情　害精神

侵权人　有责任　触法律　须赔偿

漫画故事

杨某、朱某与A公司签订婚庆服务协议，约定A公司向二人提供化妆、摄影等服务，费用共计6600元。婚礼结束半个月后，二人向A公司催要婚礼影像资料，但A公司负责人称，由于电脑硬盘损坏，导致婚礼影像资料丢失无法恢复，公司愿意进行赔偿。双方对赔偿数额产生争议，没有达成一致意见。

自己的婚礼影像资料，就这么独一份，而且不可再生。二人越想越生气，于是将A公司告上了法庭，请求A公司退还婚庆摄影部分服务费1500元，并赔偿精神抚慰金5万元。

在庭审中，A公司认为影像资料并非自己故意损

坏，事后，自己赔礼道歉了，也同意赔偿摄影部分服务费，但拒绝赔偿精神抚慰金。

承办法官认为，杨某、朱某依约向A公司支付了全部服务费用，A公司亦应全面履行合同中约定的各项义务。现因A公司电脑硬盘损坏，导致婚礼现场视频影像数据永久性遗失，A公司的行为构成了违约，应承担违约责任，返还杨某、朱某该部分的服务费1500元。同时，婚礼录像记录具有永久纪念意义，是无法补救、不可替代的特定纪念物品。A公司的违约行为给杨某、朱某造成了极大的精神损害，因此A公司应适当赔偿杨某、朱某精神抚慰金，但其主张的精神抚慰金5万元过高，承办法官酌情确定A公司赔偿杨某、朱某精神抚慰金5000元。

案例分析

民法典第一千一百八十三条规定，侵害自然人人身权益造成严重精神损害的，被侵权人有权请求精神损害赔偿。因故意或者重大过失侵害自然人具有人身意义的特定物造成严重精神损害的，被侵权人有权请求精神损害赔偿。婚礼录像是一种不可重复的特种纪念品，具有夫妻风雨同舟、白头偕老的特殊含义。如果婚礼录像损坏，则无法采取补救措施，那么适当赔偿精神损失就无可避免。

法条链接

《中华人民共和国民法典》

第五百七十七条 当事人一方不履行合同义务或者履行合同义务不符合约定的，应当承担继续履行、采取补救措施或者赔偿损失等违约责任。

第一千一百八十三条 侵害自然人人身权益造成严重精神损害的，被侵权人有权请求精神损害赔偿。

因故意或者重大过失侵害自然人具有人身意义的特定物造成严重精神损害的，被侵权人有权请求精神损害赔偿。

高空坠物

坠落花盆伤人　该找谁赔偿

普法三字经

居高楼　抛坠物　致人伤　悔无用

有损害　属侵权　行为人　须赔偿

物业方　亦有责　防坠物　做防护

未查明　共担责　查清后　可追偿

漫画故事

某日清晨，蒋某路过某大厦B座，被从楼上坠落的塑料花盆砸中，顿时血流满面，住院近4个月，花费数万元。后经诊断，蒋某属七级伤残。经事后调查取证，无法确定花盆是从谁家坠落的。蒋某遂将该大厦B座的57家住户起诉到法院，要求赔偿相关费用。

经审理，57家住户中，除了7家能证明自己因安装了防护网等原因排除嫌疑外，另外50家住户不能排除花盆从自家坠落的可能性。后经法院判决，由50家住户分担赔偿责任，每户承担2000元。

案例分析

民法典中规定，禁止从建筑物中抛掷物品。从建筑物中抛掷物品或者从建筑物上坠落的物品造成他人损害的，由侵权人依法承担侵权责任；经调查难以确定具体侵权人的，除能够证明自己不是侵权人的外，由可能加害的建筑物使用人给予补偿。可能加害的建筑物使用人补偿后，有权向侵权人追偿。物业服务企业等建筑物管理人应当采取必要的安全保障措施防止前款规定情形的发生；未采取必要的安全保障措施的，应当依法承担未履行安全保障义务的侵权责任。

本案中，花盆从楼上坠落伤人，这和住户不注意安全有必然联系，是住户自身错误造成的，理应赔偿。由于在调查取证后无法确定侵权人，同时，50家住户均未提出有力证据，无法证实自己与坠落的花盆没有必然联系，按过错推定原则，他们应该对蒋某进行补偿。如果物业方没有采取必要的安全保障措施，也应当承担侵权责任。

法条链接

《中华人民共和国民法典》

第一千二百五十四条　禁止从建筑物中抛掷物品。从建筑物中抛掷物品或者从建筑物上坠落的物品造成他人损害的，由侵权人依法承担侵权责任；经调查难以确定具体侵权人的，除能够证明自己不是侵权人的外，由可能加害的建筑物使用人给予补偿。可能加害的建筑物使用人补偿后，有权向侵权人追偿。

物业服务企业等建筑物管理人应当采取必要的安全保障措施防止前款规定情形的发生；未采取必要的安全保障措施的，应当依法承担未履行安全保障义务的侵权责任。

发生本条第一款规定的情形的，公安等机关应当依法及时调查，查清责任人。

物件损害责任

公路晾晒稻谷引发车祸　晾晒者与管理者都须担责

普法三字经

公路上　须通畅　管理者　有义务

有障碍　快清理　做防护　设警示

或有人　不自觉　堆东西　倒杂物

碍交通　酿事故　属侵权　担责任

漫画故事

某日下午，谈某驾驶中型货车由东向西正常行驶在路上，此时许某也驾驶电动三轮车与谈某同向行驶。当时正值秋收，车辆前进方向最右侧的机动车道却被人晒满了稻谷。眼看车子将要行驶到铺满稻谷的路段，出于避让的目的，许某驾驶电动三轮车突然改道向道路中间靠拢，谈某的货车一时避让不及，两车撞到了一起。许某受伤严重，后经抢救无效死亡。

经查，在公路上晒稻谷的是村民张某。张某说，大家都在道路上晒稻谷，她不知道路上不能晾晒，自己已经在路上晾晒两天了，也没人让她不要晒。公路管理处则提出，其部门已经通过横幅、标语等形式对

道路上禁止打谷晒场进行了宣传，张某在道路上晾晒稻谷的行为管理处并不知情。

请问，本案中村民张某及公路管理处是否需要对此次事故承担责任？

案例分析

民法典第一千二百五十六条规定，在公共道路上堆放、倾倒、遗撒妨碍通行的物品造成他人损害的，由行为人承担侵权责任。公共道路管理人不能证明已经尽到清理、防护、警示等义务的，应当承担相应的责任。

本案中，张某在公共道路上晾晒稻谷，妨碍他人通行并造成他人损害，应承担侵权责任。另外，公路管理处作为道路的管理部门，对道路负有清理、防护、警示义务。其没有尽到合理的注意义务。张某在道路上晾晒稻谷至事故发生时已两天一夜，公路管理处既未对该行为进行制止，也未对晾晒稻谷进行清理，应当承担相应的赔偿责任。

法条链接

《中华人民共和国民法典》

第一千一百七十九条　侵害他人造成人身损害的，应当赔偿医疗费、护理费、交通费、营养费、住院伙食补助费等为治疗和康复支出的合理费用，以及因误工减少的收入。造成残疾的，还应当赔偿辅助器具费和残疾赔偿金；造成死亡的，还应当赔偿丧葬费和死亡赔偿金。

第一千一百八十一条 被侵权人死亡的，其近亲属有权请求侵权人承担侵权责任。被侵权人为组织，该组织分立、合并的，承继权利的组织有权请求侵权人承担侵权责任。

被侵权人死亡的，支付被侵权人医疗费、丧葬费等合理费用的人有权请求侵权人赔偿费用，但是侵权人已经支付该费用的除外。

第一千二百五十六条 在公共道路上堆放、倾倒、遗撒妨碍通行的物品造成他人损害的，由行为人承担侵权责任。公共道路管理人不能证明已经尽到清理、防护、警示等义务的，应当承担相应的责任。